Mon premier livre de lecture Montessori

French - Chinese

La petite vache a les cheveux orange sur le dessus de la tête.

这头小母牛的头顶上有橙色的头发。

The small cow has orange hair on the top of its head.

La petite vache finira par devenir une grosse.

小母牛最终将成为大母牛。

The little cow will eventually be a big one.

Le jeune veau marche dans le champ.

小牛犊在田里走。

The young calf is walking in the field.

Le père Noël offre des cadeaux extraordinaires à des enfants excités.

圣诞老人正在为激动的孩子们送去非凡的礼物。

Santa Claus is giving extraordinary presents to excited kids.

Le père Noël distribue des cadeaux aux enfants.

圣诞老人正在向孩子们分发礼物。

Santa Claus is delivering presents to the children.

Le père Noël est heureux.

圣诞老人很高兴。

Santa is happy.

Le poulet nous dit bonjour.

那只鸡对我们打招呼。

The chicken is saying hello to us.

Le poulet blanc porte un chapeau d'artiste.

白鸡戴着艺术家的帽子。

The white chicken is wearing an artist's hat.

Le coq a un gros bec.

公鸡喙很大。

The rooster has a big beak.

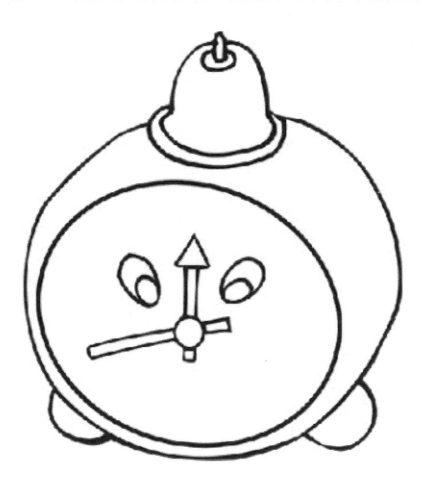

Il y a un grand réveil sur mon bureau.

我的桌子上有个大闹钟。

There is a big alarm clock on my desk.

Le réveil est parfois très ennuyeux

闹钟有时很烦人

The alarm clock is sometimes very annoying

Le réveil sonne tous les matins.

警报每天早晨响起。

The alarm rings every morning.

Le magicien aime travailler avec la magie.

向导喜欢魔术。

The wizard likes to work with magic.

Le sorcier va invoquer un grand dragon.

巫师将召唤一条巨大的巨龙。

The wizard is going to summon a great big dragon.

Le magicien a une baguette.

魔术师有一根魔杖。

The magician has a wand.

Un rat est sur la lettre M

老鼠在字母M的顶部

A rat is on top of the letter M

La souris a de très longues moustaches.

鼠标有很长的胡须。

The mouse has very long whiskers.

J'aime les souris

我喜欢老鼠。

I like mice.

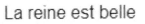

La reine est belle

女王很漂亮。

The queen is beautiful.

La reine a une baguette rose.

女王有一根粉红色的魔杖。

The queen has a pink wand.

La reine a une baguette.

女王有一根魔杖。

The queen has a wand.

Ce garçon travaille dans un groupe et joue du tambour.

那男孩在乐队里打鼓。

That boy works in a band and plays the drum.

Le batteur dirige un immense défilé de costumes.

鼓手正在领导一场盛大的服装游行。

The drummer is leading a huge costume parade.

Il a l'air joyeux.

他看起来很快乐。

He looks joyful.

Le policier est fou.

警察生气了。

The policeman is mad.

Le policier est fâché contre des adolescents pourris.

警察对一些烂青少年感到生气。

The policeman is angry at some rotten teenagers.

Il porte des lunettes de soleil.

他戴着墨镜。

He is wearing sunglasses.

Talentueux, M. Clown jongle avec cinq balles rouges.

有才华的小丑先生正在杂耍五个红球。

Talented, Mr. Clown is juggling five red balls.

Le drôle de clown jongle avec habileté.

滑稽小丑在耍技巧。

The funny clown is juggling with skill.

Le clown jongle avec des balles pour sa performance.

小丑为他的表演而摆弄球。

The clown is juggling balls for his performance.

M. Snowman tient un balai et se dit au revoir.

雪人先生拿着扫帚说再见。

Mr. Snowman is holding a broom and saying goodbye.

Le bonhomme de neige venait juste de nettoyer la cour.

雪人刚刚打扫完院子。

The snowman was just done cleaning the yard.

J'ai fait un bonhomme de neige.

我做了一个雪人。

I made a snowman.

J'ai eu un énorme gâteau d'anniversaire pour ma célébration.

我有一个巨大的生日蛋糕来庆祝。

I had a humongous birthday cake for my celebration.

Ce gâteau d'anniversaire a trois couches.

这个生日蛋糕有三层。

This birthday cake has three layers.

Mon ami a un gâteau gigantesque.

我的朋友有一个巨大的蛋糕。

My friend is having a gigantic cake.

Le chef sert une cuisine délicieuse.

厨师提供美味的食物。

The chef serves delicious-looking food.

Le chef a préparé de délicieuses pâtes à partager avec tout le monde.

厨师制作了美味的意大利面供大家分享。

The chef made yummy pasta for everyone to share.

Le chef a une serviette.

厨师拿一张餐巾纸。

The chef has a napkin.

Le nombre "zéro" dit, ok.

数字"零"表示，好的。

The number "zero" is saying, Ok.

Le zéro dit bien en faisant le geste correct.

零表示正确的手势表示可以。

The zero is saying fine by making the okay gesture.

J'ai 0 queue.

我有0条尾巴。

I have 0 tails.

Le nombre "quatre" compte jusqu'à quatre.

数字"四"指的是四个。

The number "four" is counting to four.

Les quatre ont vu quatre dauphins à la mer.

四个人在海洋看到了四只海豚。

The four saw four dolphins at the ocean.

Mon chat a quatre pattes.

我的猫有四只脚。

My cat has four legs.

Le lion est gros.

狮子大。

The lion is big.

Le lion poursuit sa queue.

狮子在追它的尾巴。

The lion is chasing its tail.

Le lion est timide.

狮子很胆小。

The lion is timid.

Le serveur sert du jus.

服务员正在喝果汁。

The waiter is serving juice.

Le serveur sert de la limonade fraîche à une famille.

服务员正在为一家人供应新鲜的柠檬水。

The waiter is serving fresh lemonade to a family.

Il porte un nœud papillon.

他戴着领结。

He is wearing a bowtie.

M. Snowman célèbre Noël par l'arbre décoré.

雪人先生正在装饰树旁庆祝圣诞节。

Mr. Snowman is celebrating Christmas by the decorated tree.

Le bonhomme de neige organise une fête de Noël.

雪人正在开圣诞晚会。

The snowman is having a Christmas party.

Ce bonhomme de neige est mon ami et l'aide du père Noël.

这个雪人是我的朋友，他是圣诞老人的助手。

This snowman is my friend, and he is a helper of Santa.

L'hippopotame a une grosse tête.

河马头大。

The hippo has a big head.

L'hippopotame est étonné de la taille de ses dents.

河马惊讶于他的牙齿有多大。

The hippo is amazed at how big his teeth are.

L'hippopotame a une grosse tête.

河马头大。

The hippo has a big head.

Nous utilisons le parapluie quand il pleut.

下雨时我们用雨伞。

We use the umbrella when it's raining.

Le parapluie vous abrite.

雨伞遮住你。

The umbrella shelters you.

Il pleut.

下雨了。

It's raining.

L'abeille porte une sucette rose pour se calmer.

蜜蜂戴着粉红色的奶嘴使自己平静下来。

The bee is wearing a pink pacifier to calm itself.

Les bébés abeilles ont de très petites ailes.

小蜜蜂的翅膀很小。

The baby bees have very tiny wings.

Le bébé abeille a des rayures jaunes et noires.

小蜜蜂有黄色和黑色的条纹。

The baby bee has yellow and black stripes.

C'est une belle bague.

那是一枚美丽的戒指。

That is a beautiful ring.

La bague a un bijou de diamant sur elle.

戒指上有一颗钻石珠宝。

The ring has a diamond jewel on it.

C'est ma bague.

那是我的戒指。

That is my ring.

Un hibou intelligent lit un livre de l'alphabet.

一只聪明的猫头鹰正在读一本字母书。

A smart owl is reading an alphabet book.

Le jeune hibou brun apprend à lire.

幼小的棕色猫头鹰正在学习阅读。

The young brown owl is learning to read.

Owl aime lire de gros livres.

猫头鹰喜欢看大书。

Owl likes to read big books.

L'éléphant est timide.

大象很害羞。

The elephant is shy.

L'éléphant a de grandes oreilles.

大象有大耳朵。

The elephant has big ears.

L'éléphant a des cils.

大象有睫毛。

The elephant has eyelashes.

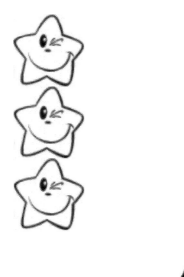

Le serpent à sonnette est à la recherche de son dîner.

响尾蛇正在寻找晚餐。

The rattlesnake is looking for its dinner.

L'anaconda est le plus long serpent du monde.

水蟒是世界上最长的蛇。

The anaconda is the longest snake in the world.

Le cobra est très charmant.

眼镜蛇非常可爱。

The cobra is very lovely.

Drôle, M. Clown donne des ballons colorés.

滑稽，小丑先生送出五颜六色的气球。

Funny, Mr. Clown is giving away colorful balloons.

Le clown tient trois ballons colorés.

小丑拿着三个五颜六色的气球。

The clown is holding three colorful balloons.

Le clown aime donner des ballons aux petits enfants.

小丑喜欢把气球送给小孩。

The clown likes to give out balloons to little kids.

The Pencil part pour de longues vacances reposantes.

铅笔要去长假放松。

The Pencil is leaving to go on a long relaxing vacation.

Le crayon se réveille de bonne heure pour se rendre au travail.

铅笔醒得很早，开始上班了。

The pencil wakes up bright and early to go to work.

Le crayon eut un grand sourire et se mit au travail.

铅笔露出灿烂的笑容，开始工作。

The pencil put on a big smile and went to work.

Le dragon venait de manger quelque chose d'épice, il avait donc besoin d'eau.

龙刚吃了辣的东西，所以他需要水。

The dragon just ate something spicy, so he needed water.

Le dragon a très soif.

龙非常口渴。

The dragon is very thirsty.

Le dragon est malade.

龙病了。

The dragon is sick.

La grenouille sourit parce qu'elle est heureuse.

青蛙在笑，因为它很幸福。

The frog is smiling because it is happy.

La grenouille est heureuse et excitée.

青蛙很高兴和兴奋。

The frog is happy and excited.

La grenouille a un grand sourire.

青蛙笑得很灿烂。

The frog has a big smile.

Le chiffre "trois" indique que vous avez 3 sur 3.

数字" 3"表示您的3分中有3分。

The number "three" is saying you got 3 out of 3.

Le numéro trois compte jusqu'à trois.

第三位是三位。

Number three is counting to three.

J'ai trois boutons sur ma robe.

我的裙子上有三个纽扣。

I have three buttons on my dress.

Le monstre mignon vole autour.

可爱的怪物飞来飞去。

The cute monster is flying around.

Le monstre a une corne pointue.

怪物的角尖。

The monster has a pointy horn.

Le petit monstre a une longue queue.

小怪物尾巴很长。

The little monster has a long tail.

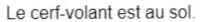

Le cerf-volant est au sol.

风筝在地上。

The kite is on the ground.

Le cerf-volant est au sol.

风筝在地上。

The kite is on the ground.

Le cerf-volant a une belle queue.

风筝的尾巴很漂亮。

The kite has a beautiful tail.

L'un dit son nom.

一个人在说它的名字。

The one is saying its name.

Le numéro un a obtenu la première place à une compétition.

排名第一的是比赛。

Number one got first place at a competition.

J'ai un nez.

我有一只鼻子。

I have one nose.

La tortue a une coquille robuste mais est très lente.

乌龟的外壳坚固，但速度很慢。

The turtle has a robust shell but is very slow.

La tortue vit sur terre, contrairement aux tortues.

与乌龟不同，乌龟生活在陆地上。

The tortoise lives on land, unlike turtles.

La tortue a une coquille pointue.

乌龟的壳尖。

The tortoise has a pointy shell.

La coccinelle est sur la feuille.

瓢虫在叶子上。

The ladybug is on the leaf.

La coccinelle sourit.

瓢虫在微笑。

The ladybug is smiling.

La coccinelle a six pattes.

瓢虫有六只腿。

The ladybug has six legs.

La chauve-souris est prête à voler.

蝙蝠准备飞行。

The bat is ready to fly.

La chauve-souris embrasse la lettre.

蝙蝠正在拥抱这封信。

The bat is hugging the letter.

La chauve-souris dort à l'envers.

蝙蝠颠倒睡觉。

The bat sleeps upside down.

Un hibou enseigne le travail aux enfants à l'école.

猫头鹰在学校教孩子们工作。

An owl is teaching the kids in school about work.

Mr.Owl enseigne la 3ème année.

猫头鹰先生教三年级。

Mr.Owl teaches the 3rd grade.

Le hibou est un professeur d'arts de la langue.

猫头鹰是语言艺术老师。

The owl is a language arts teacher.

Ma mère m'a acheté un nouveau sac à dos pour aller à l'école.

我妈妈给我买了一个新的背包去上学。

My mom bought me a new backpack to take to school.

Le sac à dos vert contient toutes mes affaires.

绿色的背包拿着我的所有物品。

The green backpack is holding all my belongings.

Mon sac a beaucoup de poches.

我的书包有很多口袋。

My bag has many pockets.

Les animaux sont heureux d'être à nouveau ensemble.

动物很高兴再次在一起。

The animals are happy being together again.

Les animaux ont une soirée pyjama géante.

这些动物正在过夜。

The animals are having a giant sleepover.

Il y a beaucoup d'animaux.

有很多动物。

There are a lot of animals.

Le samouraï s'entraîne pour devenir bon au combat.

武士正在训练以善于战斗。

The samurai is training to become good at fighting.

Le samouraï est en train de chasser son ennemi.

武士正在赶走他的敌人。

The samurai is chasing away his enemy.

Le samouraï part pour un jogging matinal.

武士要去慢跑。

The samurai is going for a morning jog.

Père Noël s'amuse.

圣诞老人很开心。

Santa is having fun.

Le père Noël rit d'une blague hilarante.

圣诞老人在嘲笑一个有趣的笑话。

Santa Claus is laughing at a hilarious joke.

Le père Noël est gros.

圣诞老人很胖。

Santa is fat.

La lettre N représente un nez.

字母N代表鼻子。

The letter N stands for a nose.

Le nez est utilisé pour sentir des choses.

鼻子用来闻东西。

The nose is used for smelling things.

Le nez respire.

鼻子在呼吸。

The nose is breathing.

Le bélier a une grosse corne et une laine moelleuse.

公羊有一个大号角和蓬松的羊毛。

Ram has a large horn and fluffy wool.

Le bélier sourit parce qu'il vient de prendre un bain.

公羊笑了，因为刚洗完澡。

The ram is smiling because it just took a bath.

Ce bélier habite la ferme.

这只公羊住在农舍里。

This ram lives in the farmhouse.

Le charpentier est en train de réparer quelque chose.

木匠正在修东西。

The carpenter is fixing something.

L'homme vient réparer le navire.

该名男子来修理这艘船。

The man is coming to fix the ship.

L'homme porte une ceinture.

该男子戴着皮带。

The man is wearing a belt.

La femme de ménage nettoie notre chambre.

女佣正在打扫我们的房间。

The maid is cleaning our room.

La petite fille porte deux seaux d'eau.

小女孩背着两桶水。

The little girl is carrying two buckets loads of water.

La fille porte une robe.

这个女孩穿着一件连衣裙。

The girl is wearing a dress.

La grenouille heureuse porte un chapeau vert.

快乐的青蛙戴着顶绿色的帽子。

The happy frog is wearing a green hat.

La grenouille verte porte un chapeau vert.

这只绿色的青蛙戴着一顶绿色的帽子。

The green frog is wearing a green hat.

La grenouille va à une fête.

青蛙要去参加一个聚会。

The frog is going to a party.

Il joue une mélodie vive sur sa flûte.

他的长笛演奏的乐曲很活泼。

He is playing a lively tune on his flute.

Le garçon pratique la flûte pour être prêt à l'école.

这个男孩正在练习长笛，准备在学校读书。

The boy is practicing the flute to be ready at school.

Il est un musicien.

他是一位音乐家。

He is a musician.

Le numéro "deux" tient les oreilles de lapin.

数字"两个"举起兔子耳朵。

The number "two" is holding up bunny ears.

Le numéro deux pose pour un selfie.

第二个摆姿势拍照。

Number two is posing for a selfie.

J'ai deux oreilles.

我有两只耳朵。

I have two ears.

Le dragon utilise le rocher pour construire sa maison.

龙正在用岩石盖房子。

The dragon is using the rock to build its house.

Le dinosaure reçoit une assiette pour sa nourriture.

恐龙正在为他的食物做饭。

The dinosaur is getting a plate for his food.

Le dinosaure a un oreiller.

恐龙有一个枕头。

The dinosaur has a pillow.

Le petit garçon courait.

小男孩在跑步。

The little boy was running.

Le sprinter gagne la première place dans une course.

短跑选手在比赛中赢得第一名。

The sprinter is winning first place in a race.

Le garçon court.

这个男孩在跑步。

The boy is running.

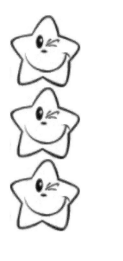

Le lapin pense à quelque chose.

兔子在想什么。

The rabbit is thinking about something.

Le lapin est confus.

兔子很困惑。

The rabbit is confused.

Le lapin a de longues oreilles.

兔子的耳朵很长。

The rabbit has long ears.

Une petite vache se promène près de la grange.

一头小母牛在谷仓附近走来走去。

A little cow is walking around near the barn.

Le veau se promène.

小牛在四处游荡。

The calf is wandering around.

C'est une petite vache.

那是小母牛。

That is a baby cow.

La pieuvre a huit tentacules.

章鱼有八个触手。

The octopus has eight tentacles.

La pieuvre a de très longs tentacules.

章鱼的触角很长。

The octopus has very long tentacles.

La pieuvre vit sous l'eau.

章鱼生活在水下。

The octopus lives underwater.

Les moutons blancs ont beaucoup de laine blanche moelleuse à donner.

白羊身上有很多蓬松的白羊毛可供奉献。

The white sheep have a lot of fluffy white wool to give away.

Ce mouton est tellement moelleux.

这只羊是如此的蓬松。

This sheep is so fluffy.

Les moutons sont maigres.

羊很瘦。

The sheep are skinny.

J'aime boire du jus de fraise.

我喜欢喝草莓汁。

I love to drink strawberry juice.

La fraise boit du jus froid rafraîchissant.

草莓正在喝凉爽的果汁。

The strawberry is drinking cold refreshing juice.

La fraise est rouge.

草莓是红色的。

The strawberry is red.

Le Chipmunk est sur le point de manger un gland brun.

花栗鼠正要吃一颗棕色的橡子。

The Chipmunk is about to eat a brown acorn.

Le tamia a ramené à la maison un gland géant.

花栗鼠带回家一个巨大的橡子。

The chipmunk brought home a giant acorn.

Le tamia a un ventre mou.

花栗鼠肚子柔软。

The chipmunk has a soft tummy.

Le nombre "six" dit 1 + 5 = 6.

数字"6"表示1 + 5 = 6。

The number "six" is saying 1+5=6.

Les six sautillent avec enthousiasme.

六个人兴奋地跳来跳去。

The six are excitedly jumping up and down.

Un papillon a six pattes.

一只蝴蝶有六只脚。

A butterfly has six legs.

Le constructeur est parti travailler sur un projet.

这位建筑工人去了一个项目。

The builder man has gone to work on a project.

L'homme a acheté un nouveau marteau brillant.

那人买了一把闪亮的新锤子。

The man has bought a shiny new hammer.

L'homme a un ancien marteau.

这个人有一把古老的锤子。

The man has an ancient hammer.

Mon canard, animal en peluche, porte un chapeau.

我的鸭，毛绒玩具，戴着帽子。

My duck, stuffed animal, is wearing a hat.

Le petit canard est très grinçant.

小鸭子非常吱吱作响。

The little duck is very squeaky.

Le canard jouet a les pieds palmés.

玩具鸭的脚蹼。

The toy duck has webbed feet.

La grenouille essaie d'attraper la mouche.

青蛙正试图抓住苍蝇。

The frog is trying to catch the fly.

La grenouille utilise sa langue pour attraper une proie.

青蛙用舌头抓猎物。

The frog uses its tongue to catch prey.

La grenouille sautille.

青蛙在跳。

The frog is hopping.

Le perroquet vert est venu de la forêt au zoo.

绿鹦鹉从森林来到动物园。

The green parrot came from the forest to the zoo.

Le perroquet est en train d'apprendre à voler dans le ciel.

鹦鹉只是在学习如何在天上飞。

The parrot is just learning how to fly in the sky.

Le perroquet est coloré.

鹦鹉是五颜六色的。

The parrot is colorful.

Mon chat aime manger du poisson.

我的猫喜欢吃鱼。

My cat likes to eat fish.

Le chat cherche plus de friandises.

猫正在寻找更多的零食。

The cat is looking for more treats.

Mon chat a de grands yeux.

我的猫大眼睛。

My cat has big eyes.

Il aime peindre.

他喜欢画画。

He likes to paint.

Le peintre en bâtiment a presque terminé son travail quotidien.

房屋画家的日常工作几乎完成了。

The house painter is almost done with his daily work.

Il a un seau de peinture.

他有一桶油漆。

He has a bucket of paint.

L'iguane se cache derrière la lettre I.

鬣蜥躲在字母I的后面。

The iguana is hiding behind the letter I.

L'iguane tourne autour de l'alphabet.

鬣蜥在字母表周围卷曲。

The iguana is curling around the alphabet.

L'iguane a une longue queue.

鬣蜥的尾巴很长。

The iguana has a long tail.

Les animaux font une grande fête.

这些动物正在庆祝。

The animals are having a big celebration.

Les animaux ont invité le singe et le perroquet à rejoindre leur soirée pyjama.

动物们邀请猴子和鹦鹉参加他们的过夜。

The animals invited the monkey and the parrot to join their sleepover.

Je suis allé au zoo.

我去了动物园。

I went to the zoo.

Le magicien joue un tour.

魔术师戏弄。

The magician plays a trick.

Le magicien appela un lapin de son chapeau.

魔术师从帽子里召唤了一只兔子。

The magician summoned a rabbit out of his hat.

Le lapin est très jeune.

兔子很小。

The rabbit is very young.

Le lapin de Pâques peint un œuf en chocolat.

复活节兔子正在画朱古力蛋。

The Easter Bunny is painting a chocolate egg.

Le lapin de Pâques aime peindre des œufs.

复活节兔子喜欢画鸡蛋。

The Easter Bunny likes to paint eggs.

Le lapin participe à un concours de peinture sur œufs.

兔子正在参加鸡蛋绘画比赛。

The rabbit is entering an egg painting contest.

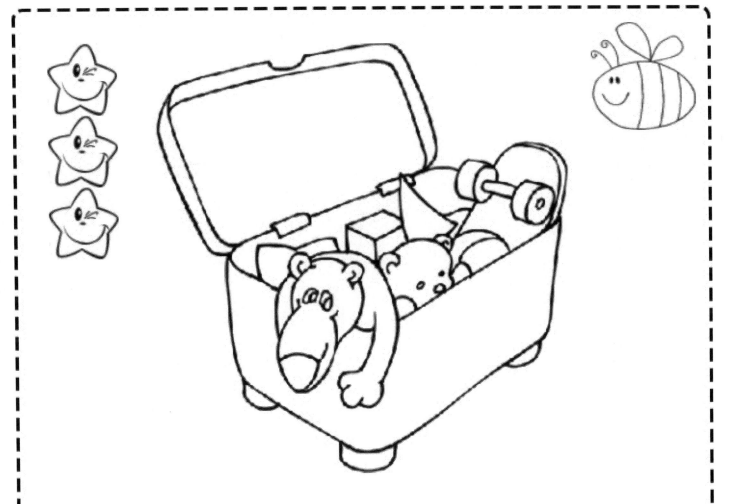

Mon coffre à jouets contient beaucoup de jouets.

我的玩具盒里装了很多玩具。

My toy box contains a lot of toys.

Le coffre à jouets est plein de jouets.

玩具箱里装满了玩具。

The toy chest is full of toys.

J'ai des peluches, des balles et d'autres jouets dans mon coffre à jouets.

我的玩具盒中塞了动物，球和其他玩具。

I have stuffed animals, balls, and other toys in my toy box.

Le dragon agite la main.

龙在挥舞着他的手。

The dragon is waving his hand.

Le grand dragon ancien vous dit bonjour.

一条古老的大龙向你问好。

The big ancient dragon says hello to you.

Les dragons sont très amicaux et ont des écailles sur le dos.

龙非常友好，背上有鳞片。

Dragons are very friendly and have scales on their backs.

L'éléphant a un long tronc pour asperger d'eau.

大象的树干很长，可以喷水。

The elephant has a long trunk to spray water.

L'éléphant a un long tronc.

大象的树干很长。

The elephant has a long trunk.

L'éléphant vit dans le zoo.

大象住在动物园里。

The elephant lives in the zoo.

Le manchot vit dans l'Arctique.

企鹅生活在北极地区。

The penguin lives in the arctic.

Le manchot vit dans les régions froides.

企鹅生活在寒冷的地区。

The penguin lives in cold regions.

Le pingouin mange du poisson.

企鹅吃鱼。

The penguin eats fish.

Il y a de la confiture sur le pain.

面包上有果酱。

There is jam on the bread.

Vous pouvez mettre de la confiture sur du pain grillé pour lui donner plus de goût.

您可以在烤面包上放果酱以增加口味。

You can put jam on toast to give it more taste.

Maman a acheté une nouvelle bouteille de confiture.

妈妈买了一瓶新果酱。

Mom bought a new bottle of jam.

Un violon peut jouer une belle musique s'il est joué correctement.

如果演奏正确，小提琴可以演奏优美的音乐。

A violin can play beautiful music if played correctly.

Le violon est l'un des instruments les plus fantastiques.

小提琴是最奇妙的乐器之一。

The violin is one of the most fantastic instruments.

Le violon est un instrument de musique.

小提琴是一种乐器。

The violin is a musical instrument.

Le cygne gracieux se promène dans l'eau.

优美的天鹅正在大步穿越水面。

The graceful swan is striding through the water.

Le beau cygne mange un morceau de légumes verts.

美丽的天鹅在吃一块绿色的蔬菜。

The beautiful swan is eating a piece of green vegetables.

Le cygne est magnifique.

天鹅很美。

The swan is beautiful.

Le huit heureux et excité tient huit doigts

快乐和兴奋的八人举起八个手指

The happy and excited eight is holding up eight fingers

Le huit se lèche les lèvres car il voit huit plateaux de poulet frit.

八个人舔了舔嘴唇，因为它看到八个托盘的炸鸡。

The eight is licking its lip because it sees eight trays of fried chicken.

Une araignée a huit pattes.

一只蜘蛛有八只腿。

A spider has eight legs.

Le crocodile est excité.

鳄鱼很兴奋。

The crocodile is excited.

Le crocodile sauteur est heureux.

跳跃的鳄鱼很高兴。

The jumping crocodile is happy.

L'alligator saute.

鳄鱼在跳跃。

The alligator is jumping.

La grenouille verte essaie d'attraper la mouche.

绿青蛙正试图抓住苍蝇。

The green frog is trying to catch the fly.

La grenouille attrape une mouche.

青蛙在捉苍蝇。

The frog is catching a fly.

La grenouille poursuit la mouche.

青蛙在追蝇。

The frog is chasing the fly.

Le tigre porte un arc au cou.

老虎的脖子上戴着蝴蝶结。

The tiger is wearing a bow on its neck.

Un tigre formel agite la main pour un taxi jaune.

一只正式的老虎在挥手示意一辆黄色出租车。

A formal tiger is waving his hand for a yellow taxi.

C'est orange et noir.

它是橙色和黑色。

It is orange and black.

Chef Octopus sert un délicieux dîner à la dinde.

八达通厨师正在为您提供美味的火鸡晚餐。

Chef Octopus is serving a delicious turkey dinner.

La pieuvre cuisinait de la nourriture délicieuse pour ses amis.

章鱼为它的朋友们烹制了美味的食物。

The octopus cooked delicious food for its friends.

La pieuvre travaille comme chef et sert de la nourriture.

章鱼正当厨师并提供食物。

The octopus is working as a chef and serving food.

Ma mère aime boire du thé.

我妈妈喜欢喝茶。

My mom loves to drink tea.

La théière est courte et à bec.

茶壶很矮，嘴里有水。

The teapot is short and spout.

La théière contient du thé vert.

茶壶里面有绿茶。

The teapot has green tea in it.

Un astronaute doit explorer notre univers pour avoir plus de connaissances.

宇航员必须探索我们的宇宙，以便我们有更多的知识。

An astronaut has to explore our universe so that we would have more knowledge.

L'astronaute a vu quelque chose au loin.

宇航员看见远处的东西。

The astronaut saw something in the distance.

L'astronaute part en mission.

宇航员正在执行任务。

The astronaut is going on a mission.

Il conduit un gros camion de glace.

他开着一辆大雪糕卡车。

He is driving a big icecream truck.

Le camion de crème glacée joue une belle chanson.

冰淇淋车正在播放一首美丽的歌。

The ice cream truck is playing a beautiful song.

Allons! Le camion de glaces est là!

来吧！冰淇淋卡车在这里！

Come on! The ice cream truck is here!

Le chien joue avec un os.

狗在玩骨头。

The dog is playing with a bone.

Le chien aime se lécher l'os.

狗喜欢舔骨头。

The dog likes to lick the bone.

Le chien aime jouer.

狗喜欢玩。

The dog likes to play.

Le canard a un gros nez.

鸭子鼻子大。

The duck has a big nose.

Le canard vient de lâcher ses petits œufs ovales.

鸭子刚掉了卵。

The duck just dropped its little oval eggs.

Le canard a trois œufs.

鸭子有三个鸡蛋。

The duck has three eggs.

Le chat fait une sieste.

猫正在小睡。

The cat is taking a nap.

Le chat a très sommeil.

这只猫很困。

The cat is very sleepy.

Le chat est très fatigué.

猫很累。

The cat is very tired.

Le garçon est en retard à l'école, alors il sprint.

这个男孩上学迟到了，所以他正在冲刺。

The boy is late for school, so he is sprinting.

Le garçon se prépare pour l'école.

这个男孩正在准备上学。

The boy is preparing for school.

Le garçon est excité d'aller à l'école.

这个男孩很高兴上学。

The boy is excited to go to school.

Lapin pense que la carotte orange juteuse a l'air délicieux.

兔子认为多汁的橙色胡萝卜看起来很好吃。

Rabbit thinks that the juicy orange carrot looks yummy.

Le lapin apporte une carotte géante à sa famille pour le dîner.

兔子正把一个巨大的胡萝卜带到家人那里吃晚饭。

The bunny is bringing a giant carrot to its family for dinner.

Le lapin aime manger des carottes.

兔子喜欢吃胡萝卜。

The bunny likes to eat carrots.

L'infirmière a l'air effrayante, tenant une seringue.

护士拿着注射器看上去很恐怖。

The nurse looks scary, holding a syringe.

L'infirmière aide les patients à aller mieux.

护士正在帮助病人康复。

The nurse is helping patients get better.

L'infirmière aide le médecin.

护士帮助医生。

The nurse helps the doctor.

La grenouille nous fait signe de la main.

青蛙向我们招手。

The frog is waving to us.

La grenouille dit au revoir à moi et à vous.

青蛙对我和你说再见。

The frog says goodbye to me and you.

La grenouille a une grande bouche.

青蛙张大嘴巴。

The frog has a big mouth.

Le zèbre a des rayures noires et blanches.

斑马有黑白条纹。

The zebra has black and white stripes.

Le zèbre sourit largement

斑马在笑

The zebra is smiling widely

Le zèbre a une queue.

斑马有一条尾巴。

The zebra has a tail.

La femme de ménage va nettoyer la chambre d'hôtel.

女佣要打扫酒店房间。

The maid is going to clean the hotel room.

La femme de ménage a un grand balai brun.

女佣有一个大大的棕色扫帚。

The maid has a big brown broom.

L'ami de ma mère est une femme de chambre.

我妈妈的朋友是一个女佣。

My mom's friend is a maid.

Le chiffre souriant neuf prononce son nom à haute voix.

微笑的数字9大声说出了自己的名字。

The smiling number nine is saying its name out loud.

Le neuf dit que 4 + 5 = 9.

九个人说4 + 5 = 9。

The nine is saying that 4+5=9.

Ma soeur a neuf animaux en peluche.

我姐姐有九只毛绒动物。

My sister has nine stuffed animals.

Le vieux bouc est fier de sa cloche d'or.

那只老山羊为它的金铃感到骄傲。

The old goat is proud of its golden bell.

La chèvre a quatre sabots.

山羊有四只蹄。

The goat has four hooves.

La chèvre a un ami.

山羊有一个朋友。

The goat has a friend.

Happy Teddy ouvre sa boîte de cadeaux du père Noël.

快乐泰迪正在打开他的圣诞老人礼物盒。

Happy Teddy is opening his box of presents from Santa.

L'ours en peluche ouvre son deuxième cadeau.

泰迪熊正在打开他的第二个礼物。

The teddy bear is opening his second present.

L'ours a un cadeau.

熊有礼物。

The bear has a present.

Le xylophone est un instrument comme le piano.

木琴是一种类似钢琴的乐器。

The xylophone is an instrument like the piano.

Le xylophone est un instrument très cool.

木琴是很酷的乐器。

The xylophone is a very cool instrument.

Le xylophone est un instrument coloré.

木琴是一种丰富多彩的乐器。

The xylophone is a colorful instrument.

Ce chien remue la queue pour plus de friandises.

这只狗摇尾巴以求更多享受。

This dog is wagging its tail for more treats.

Le chien a un collier d'or.

这只狗有一个金色的项圈。

The dog has a golden collar.

C'est un gros chien!

那是一条肥狗!

That is a fat dog!

Le Père Noël traîne un grand sac de cadeaux marron dans sa chemise.

圣诞老人is着一个棕色的大礼物袋给他的子。

Santa is lugging a large brown bag of gifts to his sley.

Le père Noël porte un sac en cuir rempli de cadeaux.

圣诞老人提着一个装满礼物的皮包。

Santa Claus is carrying a leather bag filled with gifts.

Le père Noël va donner des cadeaux.

圣诞老人要送礼物。

Santa is going to give out presents.

Le livreur nous a envoyé un colis.

送货员给我们寄了一个包裹。

The delivery man sent us a package.

L'ouvrier tracte de lourdes caisses.

工人正在拖一些沉重的箱子。

The workman is towing some heavy boxes.

Il est somnolent.

他很困。

He is sleepy.

Le lapin part acheter plus de carottes orange.

兔子出去买更多的橙色胡萝卜。

The rabbit goes out to buy more orange carrots.

Le lapin vient de cueillir des carottes dans le jardin.

兔子刚从花园里摘了一些胡萝卜。

The rabbit just plucked some carrots out of the garden.

Le lapin de Pâques va donner des œufs en chocolat.

复活节兔子将分发朱古力蛋。

The Easter Bunny is going to give out chocolate eggs.

Le morse a des dents exceptionnellement acérées.

海象牙齿异常锋利。

The walrus has unusually sharp teeth.

Le morse a une queue.

海象有尾巴。

The walrus has a tail.

Le morse a un ami.

海象有一个朋友。

The walrus has a friend.

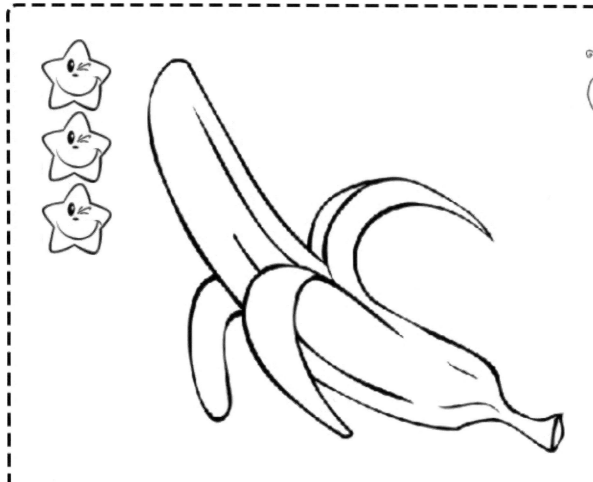

Mon fruit préféré à manger est une banane.

我最喜欢吃的水果是香蕉。

My favorite fruit to eat is a banana.

La banane est jaune.

香蕉是黄色的。

The banana is yellow.

Mon père a acheté beaucoup de bananes sur le marché.

我父亲在市场上买了很多香蕉。

My dad bought a lot of bananas in the market.

Le nombre "cinq" essaie de vous donner un haut cinq.

数字"五"正试图给您高五。

The number "five" is trying to give you a high five.

Les cinq disent son nom à haute voix, pour que les autres le sachent.

五个人大声说出它的名字，所以其他人会知道。

The five are saying its name out loud, so others will know.

J'ai cinq doigts sur l'une de mes mains.

我的一只手有五个手指。

I have five fingers on 1 of my hands.

J'ai eu un petit gâteau d'anniversaire pour ma fête.

我为聚会准备了一个小的生日蛋糕。

I had a small birthday cake for my party.

Ce gâteau d'anniversaire est pour un petit enfant.

这个生日蛋糕是给小孩的。

This birthday cake is for a little kids.

J'ai une bougie sur mon gâteau.

我的蛋糕上有一支蜡烛。

I have a candle on my cake.

La reine des abeilles a une belle baguette.

女王蜂有一根美丽的魔杖。

The queen bee has a beautiful wand.

La ruche a un chef qui est une abeille magique.

蜂箱有一个领导者，他是一只神奇的蜜蜂。

The beehive has a leader who is a magical bee.

Elle porte une couronne.

她戴着皇冠。

She is wearing a crown.

La chèvre mange de l'herbe.

山羊在吃草。

The goat is eating grass.

La chèvre broute dans le pré.

山羊在草地上放牧。

The goat is grazing in the meadow.

La chèvre marche endormie.

山羊在昏昏欲睡。

The goat is sleepily walking around.

Le garçon s'amuse à jouer avec un yoyo.

这个男孩正在玩悠悠球。

The boy is having fun playing with a yoyo.

Le gamin a un yoyo très coloré.

这个孩子有一个非常多彩的溜溜球。

The kid has a very colorful yoyo.

Le garçon a un petit chapeau.

这个男孩有一顶小帽子。

The boy has a little hat.

Mon père travaille sur l'ordinateur.

我爸爸在电脑上工作。

My dad works on the computer.

L'ordinateur portable dit salut à l'utilisateur.

笔记本电脑向用户打招呼。

The laptop is saying hi to the user.

C'est l'ordinateur de mon père.

那是我爸爸的电脑。

That is my dad's computer.

Made in the USA
Columbia, SC
25 July 2020